言葉の花束

～あなたに贈る90の恋文～

抱きしめたい、そして感じたい

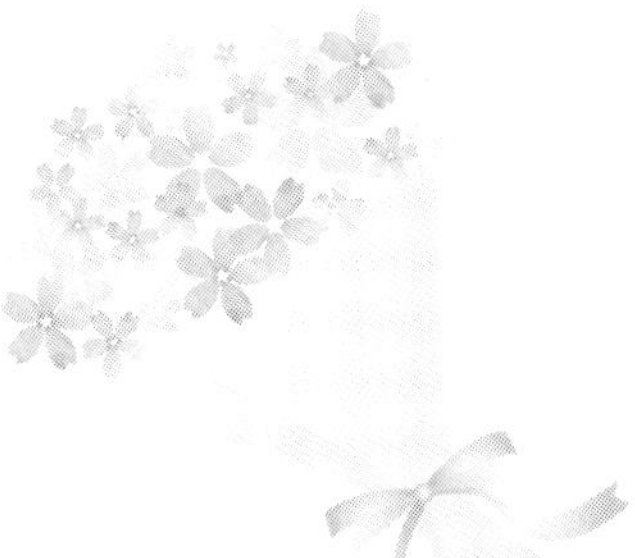

高田建司＝著

日本地域社会研究所　　コミュニティ・ブックス

はじめに

この本は「言葉の花束」というフレーズが、私の頭の中に浮かんだことが始まりです。日に日に言葉の花束というフレーズが強くなってきて、いったい私にどうしろという考えまで成長しました。

言葉の花束というフレーズが好きになり、言葉の花束っていったい何だろうと考え、会話、文章、日記、手紙、詩もすべて含まれているものだという考えにたどり着きました。

言葉は古の昔から言霊といって命が吹き込まれたものとして、現代まで脈々と続いています。花の名前があるように言葉の花束にも題名があってもと思い、つけました。

「言葉の花束」には種類があります。

人が辛いときに贈る花束、悲しいときに贈る花束、思い出にひたるときの花束、応援の花束。自分自身に贈ったり、恋人、家族、友人、知人、人に贈ることができたら、どんなにすばらしいことだと考えました。

心の思うままに詩を書いたり文章を書いたら、どんなにステキかなと思ったのがこの本のスタートです。

私たちの一生なんか地球の年齢に比べれば、ほんの一瞬です。

だからこそ、一瞬、一瞬を大事にしたいものです。

人生には喜怒哀楽がつきものです。

せっかく、この世に生まれてきた私たちですから、人生を味わい尽くして終えたいものです。

悪く考えようと思えば悪く考えられるし、よく考えようと思えば考えられるのも人生です。

それならプラス思考でよく考えましょう。

自分の心の庭に怒りの種を蒔くより、感謝の言葉の種を蒔いたほうが自分自身が幸せになれます。

「言葉の花束」をすべての人に贈り続けることによって、自分自身も元気と勇気と希望をもらうことができます。

「言葉の花束」は、エネルギー、感動、共感、愛のビタミンを私たちに与えてくれます。

心の庭にステキな「言葉の花束」の種を蒔いて、心の庭を花園にしてください。

皆さまの幸せを願ってこの本を書きました。

これからの人生を味わい尽くして楽しんでください。

目次

第2章 ナイスガイとゴージャスな女

第3章 天使

第4章　地球と自然に癒されて

第5章　人生

第6章 手紙

おわりに…………167

第1章

愛する喜びと悲しみ

①心の恋人はあなただけ

あなたは、私の心を揺さぶった数少ない人。

私の心の中に自然と入ってきた。

あなたはどんなときでも自然体で、ジョークが好きで、人を笑わして喜んでいる人。

ときには甘くキザなセリフを口にするが、とても似合っている。

とてもロマンチストで、涙もろくて人に親切な人。

ときたま、寂しそうな目をして遠くを見ている。

何かをグッとこらえている顔がステキ。

あなたはこれまで、どんな人生を歩んできたのだろう。

どんな恋をしてきたんだろう。

モテる素振りを全然みせないあなた。

自分が興味のない女性には、見向きもしない。

私があなたに、女の子の間でとっても人気があるのよと教えてやったら、無関心な顔をしていた。

君が一人いれば十分だ。

好きな女性に愛されるのが、最高な人生でハッピーだといったあなた。

笑顔でさらっと私にいって微笑んだ。

キザでクールで涙もろくて、面白いあなたが大好きな私がここにいる。

②年下の彼

年下の彼と出会ったのはあるパーティだった。

私が一人で壁側にポツンと立っていたら、何かお持ちしましょうかと言ってくれたのが彼だった。

目鼻立ちが整ったさわやかな青年だ。

白い歯並び、上品な口元、私にとって彼の笑顔が、眩しく感じられた。

私とは10歳くらい離れているように見える。

私のところだけスポットライトを浴びているかのようだ。

スリーピースのスーツを着たハンサム青年。

ふさいでいた私の心に光を灯してくれたそのステキな笑顔。

私はこの青年が運命の人かと年がいもなく思ってしまった。
前の彼とは、1年前に別れた。
彼の浮気が原因だった。
この1年間、何一つ浮いた話がなかった。

③出会いと別れ

あなたと出会えてよかった。
私を苦しみから助けてくれたあなた。
私に優しさと希望をくれたあなた。
パーティから出会って2年。
私はあなたの腕の中で十分休息させてもらい、喜びも味わった。
十分元気になった私から最後のあなたへのプレゼント。
別れましょうという言葉。
あなたはまだ若い男性。

あなたには若い女性がお似合いです。
私には若いステキなカップルが目に浮かぶ。
あなたにもらった優しさと幸福感と思い出を持って、これから一人で生きていきます。
ありがとう、そして、さようなら。

④私の願い

あなたは本当に優しい人。
人に対して優しすぎる人。
私が仕事で緊張していると、ユーモアで私を笑わせてくれる。
私にとってあなたは眩し過ぎる人。
友だち思いで、母親思いのあなた。
あなたの悲しみの深さはわからないけど。
人の数倍がんばっている人。
私に対する情熱、思いやり、優しさ、包み込むあたたかさ。

どれをとってもすばらしかった。

これまでに好きになった人たちより、あなたほど素直で、可愛らしく、男らしい人は、はじめて。

私よりかなり年上だけど、可愛い年下の坊やみたいで、ギュッと抱きしめていたい。

私はあなたに、大人になってくださいといったけど、子どもの純心さを持った大人でいてほしい。

あなたの胸に飛び込んでいきたかった。

あなたに愛され、愛したかった。

永遠の愛を、教会で、ハウスウエディングをしたかった。

タヒチの船上ウエディングも、きっとすばらしいと思う。

あなたは私よりロマンチストな人だから、私よりあなたにふさわしい人を見つけて、幸せになってほしい。

私の願いは、ただそれだけ。

⑤夜間飛行

あなたのいる日本に
今夜のフライトで
帰ってきた
あなたを試そうとした
私が愚かだった
あなたは私にとって、かけがえのない人
この宇宙で世界で

一番愛しているのはあなた
愛しているのはあなただけ
滑走路のライトが、とてもキレイ
あなたが私に言った言葉を思い出す
今でも私のことを愛しているって、言ってほしい
心から愛しているって言って
早くあなたに会いたい
あなたが私を許して、くれるなら

⑥正直に生きる

あなたにやっと
好きだと言えた
あなたは私の憧れの人
片思いの気持ちで
一生終わるのはイヤ
自分の恋が実らなくても、私は自分に正直に生きたい
あなたに受け入れてもらわなくても

自分の人生は自分で決める
たとえあなたに拒まれても
これからも好きになった人が現われたら
好きと言える自分でいたい

夜空の星たちが
私に笑いかけてくれている
自分に正直に生きてと
私には聞こえた

夜空の星たち
勇気をありがとう

⑦誤解

あなたは私を誤解している。
私は一人で生きていけるほど、強くない。
私はあなたのことが手に取るようにわかる。
あなたは身体障害者という壁を乗り越えて生きている。
羨ましいほど強いエネルギーと信念を持っている。
あなたは強い、そして優しい。
私はあなたから愛の言葉をシャワーのように浴びた。
あなたから言葉の花束が何よりもうれしかった。

愛のビタミンをもらって、私は成長した。
イギリス行きもあなたへの愛があって決めたこと。
あなたにふさわしい女性になりたかった。
あなたの伴侶になり、あなたと一緒に住みたかった。
あなたは私のために身を引いてくれたが、私は望んでいなかった。
私はあなたの愛を受け入れて、残りの人生を味わいたい。
あなたのいない世界は私の世界ではない。
あなたはとてもおもしろく、人びとを笑わせている。
そんなあなたが大好き。

⑧私の王子さま

あなたの胸に
飛び込みたい

甘えたい、愛しているといいたい
あなたは私の親友の恋人
あなたを紹介されたときから
私の心の鐘は鳴りっぱなし
先に出会っていたらと思った私
彼と私の親友はラブラブ
一人ぽっちの私

私の王子さまは
どこにいるの
私の前に現われてお願い
私を優しく抱きしめて、髪を優しくなでながら
愛していると言って
永遠の愛を誓って
一日も早くあなたに会いたい

⑨お礼

あなたからもらったすべてを
大事にして生きていきます
あなたからもらった言葉を大事にしたい
あなたの優しさや思いやり
情熱が感じられる言葉
あなたの言葉の花束を
抱きしめながら、生きていきます

あなたが言葉の花束を
毎日くれたから
私の部屋は花でいっぱい、いい香りがいっぱい、幸せな気分で
生きていけます
私はこれで十分
あなたの幸せを祈って、私は生きていける

⑩あなたに愛されて

あなたに愛されて

私は天使になった
思いやりや優しさを
あなたから学んだ
あなた以上の人が、いると思わなかった
私の幸せを考えたら、あなたとの別れを選んだ
私はしょせん女
そして、あなたは強い男の人

いつかきっと私以上の人が、現われる
あなたには優しさと強さがある
あなたには仕事に対する情熱がある
行動力があり、向上心がある
とってもあなたに愛された5年間
あなたの愛、あなたへの私の愛を
私の心の金庫にしまって
私は結婚します

あなたは優しく送り出してくれた
私の父のように
本当に今までありがとう
あなたとの出会いは、私にとってキラキラ光る宝石
指につけないけれど
私の心の宝石箱に
そっとしまっておきます

私は幸せになるけれど

あなたも幸せになってほしい

今までありがとう

私は幸せになります

⑪あなたと生きる

あなたと過ごした時間は、私にとって、一番輝いていた。

あなたは私の心の中に夜空の星のような輝きを、散りばめてくれた。

いつまでも、いつまでも、私の心の中に刻まれ、幸せな思いを私に与えてくれています。

あなたが亡くなったのを知ったのは、私が外国に住んでいたとき、風の便りで知りました。

あなたはこの地上にはいないけれど、私の心の中には今でも生き続けている。

あなたは向上心の強い人だった。

そして、私を真剣に愛してくれた。

私はあなたの気持ちはよくわかっていたけれど、私はあなたとの人生を選ばず、私の未来の夢の人生を選んだ。

あなたは私の背中を優しく押して、私を未来の扉の中に入れてくれた。

君ならきっと、君の夢を実現できる。

そして、幸せになってくれと言ってくれた。

あなたの前では泣かなかったけれど、家に帰って大泣きしてしまいました。

あなたの前では泣けなかった。

自分の意思がグラつくのが恐かった。

子どもの頃からの夢をきっと実現させてみせます。

あなたの優しさに甘えた私だから、きっときっと、夢をかなえます。

天空から見守ってくれているあなたに私の愛をあげます。

私はあなたと心の中で一緒にこれからも生きていきます。
私の心の中であなたが生きている限り。

⑫ホスピタル

私にとってあなたとの出会いは、私の人生で最もトキメイたことだった。
私は恋愛しても、結婚しない。
それは私だけの秘密。
大好きなあなたにも言えない。
あなたはとても明るく、常に前向きな人。
決して背伸びせず、真面目に人生を歩んできた人。
少し変わっている人、もしくは世界一変わっていると思うあなたが私は大好き。
周囲を笑わせて、和やかにする人。
気配りも最高な人。
そして、私に対する愛も。

あなたも私と同じ人種。
私はあなたと初めて会話を、交わしたときからわかっていた。
私と同じタイプの人だと。
結ばれないこともわかっていた。
私はあなたに結婚にはこだわらないと言っていた。
本当はあなたと結婚を夢見るときもあった。
私はあなたと出会ったときには、子どもが生めない体になっていた。
私たちの子どもが欲しかった私。
神様がそれをゆるさなかった。
私はイギリスのロンドン郊外のホスピタルにいます。
あなたには留学だと嘘をいってゴメンナサイ。
あなたを悲しませたくなかった。
メールの返事も２年間しなくてゴメンナサイ。
あなたは私の分まで長生きしてください。

⑬今でも大好き

あなたの写真を見るたびに
あなたのことを思い出す
あなたはユーモアに溢れていて
周囲を笑いの渦に巻き込んでいた
人に気をつかう人で
優しい人
あなたのユーモアと優しさを思い出すたびに

あなたは今どうしているのか心配になる
あなたは私に心配かけまいと、元気なふりをしていた
私のこと思って、そっと身を引く優しさ
自分の人生を思い切って生きてほしいというあなた
私はそれに甘えて、外国で生活している
１日たりと、あなたのことを忘れたことはない
結ばれなかったけれど
今でもあなたが大好き

⑭運命に逆らわず

あなたとの出会いがあったから
私は成長して、大人の女性になった
あなたとの出会い、そして別れ
これもすべて、私たちの運命
新しい恋をして、さらに私は成長する
運命に逆らわず、運命の流れに乗って
夢の花園がゴールなら

運命に逆らわず生きていく
夢の花園には小鳥がさえずり、花が咲き誇り、空気の澄んだ世界
ゴールの花園は目の前

⑮ミツバチがあなたの前世

花から花へと
蜜を吸うミツバチのように
次から次へと女を変えていく
女たちにとっては、それでもうれしい

女たちは自分が花になったように、パッと輝いて見える

あなたと出会ったことによって

女たちはツボミから、花になる

女たちは美しく咲き誇る

あなたに愛されたいために

⑯愛のビタミン

あなたは愛のビタミンが不足している。

女性は男性に比べて、愛のビタミン不足になると、雰囲気が暗くなり、太りはじめた

り、肌荒れをおこします。

モテない負のスパイラルに入り込んでしまいます。

さらに自分に打ち込むものがなかったり、イヤイヤ今の仕事を続けたりしていれば、なおさらです。

人に「ありがとう」と言われるだけでも、愛のビタミンは補充できます。

異性に「かわいい」「美しい」と言われれば、愛のビタミンは十分ですが、さらに、感謝の言葉をもらうことによってあなたは瑞々しくなります。

あなたは愛の伝道師ではありませんが、「ありがとう」「笑顔がいいですね」という、感謝の言葉を使いましょう。

スーパーの店や小売店、飲食店、ブランドショップなどのサービス業で感じることなのですが、ほとんどの人たちがつまらなさそうに働いています。

本人たちはたぶん気づいていないと思いますが、家族からの愛のビタミン不足であり、本人が家族への愛情ある接し方をしていないのです。

子どもに対してもダンナ様に対しても、ケチってはいけません。

人を褒めることによって、人に感謝されるのです。

感謝されることがあなたへの愛のビタミンなのです。

⑰許してあなた

私はあなたが考えているほど、クールで強くない。
あなたに本当のことを言って、あなたにすがりたい。
死にたくないし、あなたと一緒にいたい。
私は最後まで、一緒に過ごしたかった。
母を亡くし身体障害者になったあなたに、私は甘えることができなかった。
決してあなたを嫌いになったわけではない。
今でも大好きなあなた。
来世で一緒になりましょう。
今世では一緒になれなくて、ゴメンナサイ。
来世で一緒になるまで、しばらくの間サヨナラします。

⑱別れ

あなたは最初から、とても感じのいい人でした。
歳は10歳ぐらい私と離れていて、クールでハンサムないい男。
あなたはカウンターの中にいて、とても人なつこい笑顔で、私たちを迎えてくれた。
いつの間に、私はあなたとデートするようになっていた。
あなたからブランド物をプレゼントされたときはうれしかった。
他の人からもらったブランドよりも。
あなたがかなり無理していることが、わかっているから。
付き合えば付き合うほど、あなたの純粋な心にひかれていく私が恐かった。
私はあなたが思っている純粋な女性ではない。
外見は美しくても心は汚れている。
心が汚れる前だったら、私はあなたの愛を受け入れていた。
センスも趣味も芸術の話もあう二人。
神さまの手違いで出会った二人。
あなたには私よりもっと純粋な人がお似合い。

⑲出会い、別れ、成長

出会いがあり、別れがあるから人は成長するのです。
これをくり返すことで、少しずつでも気づきが生まれ、大人になっていくのです。
悲しみを含めて人は成長します。
新しい出会いに、胸をドキドキ、ワクワクさせながら。
現在、未来に胸を張って、生きていきたい。
きっとステキな物語が、あなたを待っています。
人に優しくする前に、自分に優しく大事にしたい。
なぜなら自分に優しくなければ、人に優しくできないから。
自分に感謝しよう。人にも感謝できるようになるから。
たとえどんな小さなことでも、喜びを味わおう。楽しくなるから。
悲しいときは、涙が枯れるぐらいまで泣こう。気分がスッキリするから。
怒りたいときは自分一人になって、日記に書こう。ストレスが発散できるから。

⑳恋と失恋について

私たちは、幼稚園、小学生の頃から、もの覚えが付き始めます。

その頃から、なんとなく異性を好きになってきました。

本当の淡い恋の始まりです。

中学生の頃からは、完全に異性を意識し始め、フォークダンスのときなど、好きな異性と踊る順番が廻ってきますようにと願い、ドキドキしたものです。

昔の古い話で恐縮です（笑）。

いつも残念ながら廻ってきませんでした。

恋の神さまに見捨てられた人もいますし、うまくいった人もいるでしょう。

現在、高校生、大学生、あるいは社会人の中には、早く出会いすぎて運命の人と恋愛、結婚できなかった人もいるでしょう。

また、運命の人と出会った人もいるはずです。

うまくいった人も数年後、数十年後に別れた人もいるでしょう。

どれがハッピーで、どれがアン・ハッピーかわからないものです。

運命の人に出会えないで他の人と結婚して、離婚した人もいれば、運命の人だったのに、二人とも精神的に子どもだったため、離婚してしまった人、など別れた人たちも大勢います。過去を振り返って考えてみますと、目に見えない大きな力、エネルギーが働いているのではないかと思っています。

自分の心の深層心理の中にいる存在を自分の神さまと呼んでおきましょう。失恋ひとつとっても、相手の心の中にいる神さまが、この人ではないこっちの人だといって、その人も知らず知らず自分の内なる声にしたがって決断して別れたのだと思います。

私もこの人は運命の人だと思った人とは、若いとき結婚まで2人で考えて5年間付き合ったのですが、みごと5年間の物語で終わってしまいました。

真剣に付き合ったおかげで、女性の気持ちを学びました。

相手が正直に好きな人ができて、その人と結婚しますと手紙をもらいました。ものすごいショックを受けて、頭の中が真っ白になりました。

その後、2人めの運命の人とおぼしき人と出会うのですが、彼女にとって私は運命の人ではなく、彼女の生き方というものすごいライバルに見事に負けてしまいました。

彼女は子どもの頃から外国に行って勉強や生活をしてみたいということで、大人になってからコツコツ英語の勉強をして自分の夢を実現させたステキな女性です。

私も彼女の立場なら、自分の運命を貫き通して生きると思います。

自分の人生は誰でも自分が主役です。

たった一度の人生だから真剣に生きるのです。

私の人生には運命の人がセットされていないか、まだ現われていないか、それとも自分の人生でやりたいことをやる物語なのかもしれません。

失恋した人、これから恋をする人に申し上げたいのは、誰にでも恋の物語が用意されています。

ただそれに気づくか気づかないかの違いです。

行動をおこしながら、ワクワク、ドキドキしながら、運命の人と出会うことを願いましょう。

㉑未来の人生に生きる

僕は君とのハッピーエンドを望んでいた。

だけど僕の人生にハッピーエンドは、結局訪れなかった。

君は突然イギリスに留学しに行くと僕に告げた。

告げられた僕は、頭の中が真っ白になり激しく動揺した。

あなたに言っていたほうが、いいと思ったの。

だって、あなたに黙って行けないから。

僕の口から出た言葉は、どうせイギリスに行くなら、10年ぐらい行ってきたほうがいい。

彼女が僕の退院祝いをしてくれた日に、僕が彼女にいった言葉だ。

僕の退院祝いの日に、天国と地獄がセットで出てくるとは。

その後1年半たってから、君はロンドンに旅立った。

僕はあいかわらず病院のベッドにいて、不安でいっぱいだったけれど。

これで彼女が幸せになってくれればいいと思って自分を元気づけた。

自分にはもうハッピーエンドが訪れないかもしれない。

それも人生、あるがままの自分を受け入れよう。

失恋、身体障害者になったことも自分の人生だ。

男ならメソメソしないで、残りの人生を精一杯生きよう。
過去の人生に生きるのではなく、現在、未来の自分の人生に生きよう。

㉒さよならは君には似合わない

いつかどこかで、君と会えるかもしれない。
君には涙は似合わない。
君にはいつも笑顔でいてもらいたい。
君にはいつも太陽のようにサンサンと輝いてほしい。
ひまわりが太陽の光を浴びているように。
僕は君の笑顔と笑い声にいつも癒されてきた。
さよならは、いわないで別れよう。
お互いに別々の人生を選んで自分の道を歩んでいこう。
未来にどんな人生が待っているかわからないが。
いつも太陽が僕に光を注ぐように、笑って輝いていてほしい。

いつかどこかで、偶然笑顔で会えたらいいね。
言葉を交さず、ただ笑顔ですれ違う。

㉓君は僕のバラ

君はバラのようなトゲで
男の誘いをことわっている
君は高貴な美しいバラ
近寄りがたい凛とした雰囲気
美しい横顔

男たちは君に甘い言葉をささやく
花で埋もれる君の誕生日
自分の美しさを知っている君
男たちの視線、デートの誘い
プレゼント
僕に向かって君は、あなただけ
私に優しくないと言った
いつからか、そんな君に恋をした

ありったけのエネルギーを
君にぶつけた
金も地位もない僕は、愛の言葉の花束を
贈り続けた
あなたは、やっぱり変わっている
私の知っている人に、あなたみたいな人はいなかった
うれしさを顔中に表わして

喜んでくれた君
言葉の花束が、女性の心に
届くものだと教えてくれた君
今まで一番うれしいプレゼントは
あなたの言葉の花束
ありがとう、うれしいと言ってくれた君
私の心の宝石箱にあなたの言葉の花束を
入れておきますといってくれた君

㉔君の旅立ち

砂を握った指からこぼれ落ちるようにして
僕の腕からすり抜けていく
爽やかな香りと、小悪魔のような
微笑みを残しながら
ロンドンに旅立った君
楽しみはあとにとっておくもの
僕の耳元にささやくように聞こえた

次に会ったときは、今日の分まで
強く抱きしめて
僕は黙って頷いた

㉕星の輝き

夜空の星たちよ、僕の心を彼女に伝えてほしい
お月さま、僕の気持ちを心の鼓動を彼女に伝えてほしい
愛していると伝えてほしい
夜空の流星よ、彼女の気持ちを、僕に教えてほしい

夜空の住人たちよ
彼女の美しさ、優しさに光を当ててほしい
彼女と僕に光のライトを照らしてほしい

㉖ロンドン

君は夢をかなえるために
ロンドンに旅立つ
君は僕にとって光であり天使

君の優しい眼差し
優しい微笑み
僕は君に助けられた
大きな病気そして失望
君が僕の光になって
暗闇を照らしてくれた
長い時間がかかったけれど
こうして生きていられるのも

君のおかげだ

僕は君の旅立ちを、心から喜んでいる

君が努力をしていたことも知っている

強い意志、強い向上心

美しい容姿

自分の夢のために、男たちの誘惑から、上手にすり抜けてきた

君と僕は、現在、未来を見つめて

それぞれの道を歩き始めた

㉗僕の彼女

彼女はニッコリ微笑んで、僕に言った。

あなたから、優しさや思いやり、楽しみ、喜びもすべて教えてもらった。
あなたがいなければ、今の私はいない。
決してあなたのことが嫌いになったんじゃあないの。
今でもあなたのことは好きよ。
あなたは私の恩人だから。
でも、あなたより好きな人に出会ってしまったの。
自分の気持ちに正直に私は生きたい。
これもあなたが私に教えてくれた生き方。
あなたとの5年間は、とても楽しかったし、幸せだった。

一生この幸せとあなたとの思い出を心の宝石箱にしまっておきます。

別れてもあなたは私の幸せを願う人。

あなたも幸せになってね。


これで私の結婚したい人との恋は終わった。

一つの恋愛物語が終わって、結婚物語はボツになった。

とてもオシャレな女性で、センスのある女性だった。

私の手の届かないクラスの人と結婚した。

一番仲のよかった私の友だちは彼女の悪口を言うが、私はそうは思わない。

5年間の内、4年間ぐらいは私のことを本当に好きで愛してくれていたのだと思う。

あとの1年間は彼女なりに悩み抜いたのだろう。

私より比べようもないスケールの大きな人でステキな人が現われてしまったことは、私にとっても彼女にとっても、どうしようもないことだ。誰も悪くない。

一番驚いたのは彼女だったのではないか。

世の中には、上には上がいると思ったことだろう。

人生なんか先がわからない「ケセラセラ」ではないか。

愛し合っていたからこそ、お互いの幸せを願って別れられたのだろう。

彼女はどんな所に行っても物怖じしない女性で、女性の心理を教えてくれた。

若い男性は僕を含めて、あっちもこっちも目移りして、じっくり女性と向き合うことはない。

彼女と出会っていなかったらフワフワして、あっちの花、こっちの花とミツバチのように飛びまわっていただろう。

女性としっかり向き合うことを教えてくれた女性だ。

女っぷりも良かったし、男っぷりも良かった。

海外旅行に行くと必ず僕にネクタイ、サイフ、フレグランスなどのお土産を買ってきてくれた。

ネクタイもまだ日本に入ってきていないブランド。

現在では東京銀座の並木通りに店ができている。

サイフ、フレグランスの店もなぜか並木通りにお店ができた。

㉘新しい愛の出発

涙なんか君に似合わない
いつもニッコリ微笑んでいてほしい
僕と別れるときでも、クールに別れてほしい
君に好きな人ができたのは
君のせいではない
君に最も合うステキな人を紹介したのは
君の愛の女神

君に愛を注いでくれた女神に
逆らってはいけない
喜んで受けるべきだ素直な君は

㉙片思い

僕が君に会った時
君は大泣きしていた
ポタポタと目から流れる涙
君は僕の胸に飛び込んでくると思ったが

期待はみごとに裏切られた

君は僕の親友の胸に飛び込んでいった

親友はしっかり君を抱きしめて

頭を優しくなでていた

僕の片思いが、終わった瞬間だった

㉚未来の君

後ろを振り返った君は

涙を流している
大泣きして過去の悲しい出来事を
流してしまおう
過去に生きることは君には似合わない
人はそれぞれ悩みや悲しい過去を持っている
未来のために、今日がんばろう
未来の君を夢みて
過去、現在は、未来のための通過点

過去、現在の自分に負けないで

未来の君を大事にしよう

未来の君のために、ワインで乾杯

美しいバラを添えて

㉛肥っていても君はアイドル

君はとても明るくて、ひまわりのようだ。
周囲に笑いをもたらし、安らぎを与えてくれる。
笑顔を絶やさない君は、僕たちのアイドル。
僕の話にいつも君は、笑いこけている。

喜んでいる君の姿は、まぶしい。
向上心のある君は、すべてのものに興味をもつ。
僕の体重の2倍以上もある君。
ヒョコヒョコ歩いている君を見ていると、ぬいぐるみが歩いているように見える。
皆に愛されている君。
君は僕を見上げながら、デブとふとっちょとどう違うのと聞いたことがある。
デブは暗くて後ろ向き、ふとっちょは明るくて前向き。
君は腹をかかえて笑いこけていた。
僕らは君のことが大好き。君は僕のアイドルだ。

㉜いつも側にいてほしい

僕が悩み苦しんだとき、いつも僕の側には、君の笑顔があった。
君がいるだけで、爽やかな風にあたっているようで、元気になれる。
いつもその笑顔でいてほしい。

君の笑顔に元気をもらっている。
僕は君に何をしてあげられるか考えてしまう。
爽やかな笑顔で君は、何もいらないという。
あなたが元気で、私の側にいてくれればいいというステキな女性。
君の側にいると、ほんのりといい香りがする。
その香りで僕は、海や森の中にいるような感じがするのはなぜなんだろう。
君は僕にとって女神。
いつまでも僕の側にいてほしい。
君はニッコリ笑ってうなずいた。今日も幸せな日々を過ごせた。
ありがとうとつぶやいた僕がいた。

㉝魅せられて

君の美しさに魅せられて

君の優しさに魅せられて
僕は君に恋をしてしまった
君と一緒に歩いた海辺
都会のネオン街、時間を忘れて歩き続けた僕たち
君に恋をしている僕は、君を幸せにしたい
心から愛したい
この幸せを胸に抱いて
一緒にいたい

㉞君は僕の宝物

君を初めて見たとき、美しい白鳥が
その場にいるように感じられた
こんな美しい白鳥がいるなんて
信じられないくらいだ
凛とした美しさ。優しい微笑み
ファンの多い君は、とても楽しそうだ
君は僕の鳥カゴにいる人ではない

僕が身体障害者になったとき
君の励ましで、どんなに僕は救われたか
君がロンドンに飛び立つと言ったとき
僕はどんなに動揺したことか
頭の中が真っ白
今でも君にとって良い決断だと思っている
君の思い出はアルバムの最後のページに貼ります

㉟夜空の星

君は夜空を見上げて、星空がキラキラしていてキレイだと言った。
僕がどこがと言ったら、星は目で見るものではなく、心で見るものよと君は言った。
そこに星が出ていなかったが。
あなたの心を私の心で見ているから、何でもわかる。
とてもあなたに愛されていて幸せ。
僕の目を見つめながらニッコリ微笑んだ。

㊱天空で会おう

君と僕は行き違いになるかもしれない。
君がロンドンに旅立って10年。
僕が不自由な体になって15年。
君にはいっぱい元気づけられた。
君は君の夢を実現させて、すばらしい生き方をしている。

僕がいなくなっても、君を天空から応援して、見守っている。

君と一緒になりたかった僕の夢は、君が何十年後に天空に来たとき、僕の夢はかなうかもしれない。

㊲僕の女神

君はさわやかな風
君は太陽であり月の光
昼夜なく、照らし続けてくれる
夜空の星たちが、僕を祝福し
星のシンフォニーを奏でる

君と手をつないで歩いた夜の浜辺
夜の高速道路は、君を怪しく輝かせる
夜空の星や月が、そっと僕たち二人を照らし
微笑んでくれる

㊳大空から君を見てみたい

君みたいな美人が顔を
クシャクシャにして笑ってくれるから

僕は大空を飛んでみたい
きっと、鳥の気持ちになれるだろう
本当に楽しくて、おかしいから
笑ってくれている
すごく幸せで強く君を抱きしめたい
大空から君を見ると君は
手をふって、ニッコリ笑っている
君と手をつないで空を飛びたい

㊴君を丸ごと愛したい

君のすべてを愛せる男になりたい

僕も成長して、君にふさわしい男になりたい

君の短所を君の個性だと思って

君を愛したい

君を丸ごと愛せる男に成長して

愛し続けたい

君と愛し、愛されたい

未来永劫に

㊵恋も失恋も甘酸っぱい

恋も失恋も、今では甘酸っぱい、いい思い出です。

本人にとって失恋は大きなダメージですが、周囲から見れば蚊に刺されたような感じで受け取られています。

一つの恋や失恋が本人を確実に成長させてくれています。

成長が、新しい恋にチャレンジさせてくれます。

運命の人に出会ってめでたくゴールインするのも人生なら、運命の人に出会わなくて独身でいるのも人生です。

運命の人だと思って結婚したが、その後、離婚する夫婦の人もいます。

結婚を焦り過ぎれば、間違った人を選んでしまうものです。

結婚しても地獄の日々を送っている人たちもいます。

恋愛経験もなく、最初に会った人を自分の運命の人と思い込む人たちです。

自分のことはさておいて、相手にパーフェクトを求めるのは無理があります。

いい人がいないと男性も女性もいいますが、自分が異性からどう見られているのか考えてみてはいかがでしょう。

きっと、あなたも異性から見たら、いい男いい女に見られていないかもしれません。

あなた自身が魅力的になるしかありません。

逆に自分のレベルが上がり過ぎると、相手を見つけることが難しくなることもあります。

私が知っている40代の独身男性は、学生時代からモテました。

いつでもいい女と付き合えると思っています。

給料や地位が上がっても、しょせん若い女の子から見れば、中年のおじさんに過ぎません。

それに、年代、時代によって女性の男性に対する好みが違ってきます。

私たちの若い頃は、積極的で、行動力のある男性がモテていました。

私なんか「羊」でしたが、「オオカミ」のふりをしていました。

今、思えば「オオカミの皮」をかぶった「羊」です。

最近では、「おじいさんの皮」をかぶった子どもだといって、周囲の人を笑わせていますす（笑）。

女性はといえば、晩婚になったせいもあり、30代、40代の女性たちでも20代の頃に男性にチヤホヤされたことを忘れないで、今でもモテると勘違いをしている人もいます。

いつまでも自分が光り輝いてモテると思っていて自信過剰です。

男性は特に女性の見ためを気にする生き物です。

女性だって最近では、男性の見ためを重要視しています。

女性がオシャレで、連れの男性がダサイという人たちは、少なくなってきています。

オシャレだったら二人ともオシャレです。

㊶僕の願い

君と星の輝く夜空を

手をつないで飛んでみたい

僕たちには、翼がないけれど
目をつぶって手をつないで
心を一つにすれば飛べる
一人で飛んでいることを想像するよりも
二人で夜空を飛んでいることを
想像するほうが、ロマンチック
星の輝きが僕ら二人を

優しく包み込んでくれている

二人のために

㊷桜が散ったように恋も終わった

桜があっけなく散るように、僕たちの愛は散ってしまった。
あっけない終わりに僕は驚いている。
あんなに愛した君をあきらめて、お互いの人生を選んだことを。
二股に別れた道で僕たちは、それぞれの人生の道を選んだ。
右と左に別れて歩むことに決めた。
自分の道を選ぶなんて、僕たちは本当によく似た者同士。
似た者同士の遺伝子はお互いを選ばなかった。
遺伝子が拒んだため、愛がみごとに散った。
桜が散るように。

㊸桜に神が宿っていれば

桜が満開のとき、僕たちは知り合い、5年後の桜が散るときに、僕たちの恋は終わった。

ロマンチックな出会いであり、ロマンチックで悲しい出来事だ。

桜が満開のとき君は輝いていて美しかった。

桜が散る別れのときも、君はますます輝きをまし、とても美しかった。

出会いがあれば、別れがある。

これからも恋ができるのかできないのかは、本人はもちろん誰にもわからない。

夜桜のときに、夜桜の美しさに魅せられて、新しい出会いがあってほしいと願った。

㊹思い出は心に刻まれる

桜が咲くとき、そして散るとき僕は、君を思い出す。

あの頃、僕たちは若かった。

桜の咲くときに、僕は思いきって桜並木を歩きながら、君にプロポーズをした。

風が少し強い日だった。
君は少し寂しそうに、あなたとはこのまま一生友だちでいたかった。
あなたは最高にステキな人。
だけど私にとっては友だち。
それ以上でもそれ以下でもないと彼女はつぶやいた。
そのとき強い風が頬を叩いた。
桜吹雪が私たちの頭から降りそそいだ。
桜舞い散るとき、僕は涙をこらえて一人その場を立ち去った。
心の中で彼女に言った。
今まで楽しい時間を与えてくれてありがとう。

㊺現代のシンデレラ

傘をささずに僕たちは、しばらくの間、見つめ合ったままたたずみ、おたがいに涙を流しながら、声を出さずに心の中でありがとう、さよならとつぶやいた。

僕たちの愛の終止符を、打つときがきたのだ。

僕が一生愛しても愛しきれない君が、太陽とラクダの国へ行ってしまう。

永遠に。

決して二度と会うことができない世界へ。

まさか君が王子のフィアンセになるなんて、今でも信じられない。

君はまさに、現代のシンデレラ。

シンデレラありがとう、幸せにと、僕は雨の中をびしょ濡れになりながら、君を乗せたリムジンを見送った。

㊻いつまでも愛を

君との恋は、シャボン玉のようにすぐに割れてほしくはない。

できれば恋が愛に変わり、風船のように空高く澄み切った青空をゆっくり二人で、飛んでいきたい。

天空のゴールに向かって、二人で力を合わせて、一つのゴールに到着したら、次のゴールに子どもを含めた三人ゆっくり人生を味わいながら、青空をどこまでも飛んでいきたい。

僕たちの夢と希望を持って、これから三人で歩いていこう。

㊼思い出と別れ

思い出って、ときには辛く悲しいものです。

でも、うれしい思い出、楽しい思い出も人生にはたくさんあります。

過去を振り返ると走馬灯のように湧き出てきます。

いつまでも過去にこだわっていてはいけません。

残された人生を、これからどう生きていくかのほうが大切です。

人生は出会いがあり別れがあり、また逆に別れがあり出会いがあるものです。

彼女、彼氏との別れ、妻、夫との別れ、子どもたちとの別れ、両親との別れがあります。

すべての別れに、これまでの人に感謝して自分の人生に反省しても、後悔してはいけません。

後悔することで自分の人生、両親、家族、友人たちの人生まで打ち消すことになります。

反省は未来のためにするものですから、してもいいのです。

後悔したら自分の未来の人生まで、暗く辛いものになります。

過去に辛いことがあっても自分の未来は明るく生きたいものです。

この世に住所がある限り、生き続けましょう。

㊽未来からの台本

僕は今まで自分の人生で、いろいろなタイプのヒロインと共演してきました。

いい思い出になっています。

たまに、彼女たちは幸せな人生を送っているのかと思うときがあります。

大病して家に戻ってきて、静養したときなど、走馬灯のように浮かんできました。

1回デートした美人の子もいましたが、自宅があまりにも遠いのでやめてしまったこともあります。

５年経っても新しい恋愛の台本が僕の手元に届いていません。

今度はどんなヒロインと出会えるのかとワクワク、ドキドキするのと同時に、ヒロインの登場しない物語だったらどうしよう。

このままひとりの人生で僕の人生は終わってしまうのか。

答えを知っている人はいません。

未来の台本が送ってこないなら、自分で人生を書き変えて、テンションを上げてエネルギッシュに生きたい。

年だから、若くないし無理だと自分にいうのはやめよう。

未来を自分で創造して作り上げていこう。

ひとりぽっちでもいいじゃないか。

孤独ではなくて、自由を一生与えられたのと同じだ。

白いキャンバスに自由に自分の絵を描くのだ。

どんな色を使っても自由です。

ヒロインがいればワクワク、ドキドキするのが、一生続くわけではない。

ヒロインが協力しなければ、ワクワク、ドキドキの人生を送れない。

㊾君に感謝

君との出会いがなかったら、母を亡くしたばかりの僕は、悲しみのどん底に沈んでいただろう。

君の明るさや美しさ、凛としたたたずまいに僕は癒された。

世の中に凛とした雰囲気を持った女性がいることを初めて知りました。

今、こうして生きていられるのも君との出会いのおかげです。

母を亡くした私を次に襲ったのは、心筋梗塞という大病でした。

どん底に落ちた僕に君はまたしても、君の優しい励ましの言葉で助けてくれました。

言葉の花束を僕に贈りつづけてくれた君に感謝しています。

君の存在自体が僕にとって、闇の中の光でした。

君という光があったからこそ、ここに自分がいます。

君には自分を大切にして、自分の人生を歩んでほしい。

君の夢を実現して幸せになってほしい。
君ほどのステキな女性は、もう一生出会えないかもしれないが、君の思い出を大切に、
僕も生きていきます。
残された自分の人生を。

第2章

ナイスガイとゴージャスな女

㊿実在する男と女

世の中には、映画や小説に出てくるようなステキな男女が存在している。

どんな育ち方をして、どんな考えをしているのだろう。

どんな生活をしていて、どんな仕事をしているのか興味がわくものです。

男性でも華のある男がいます。

一生に一度会えれば、女性にとって楽園にいるみたいな感じがします。

言葉も発することができないかもしれません。

通り過ぎるのをただ眺めているのが、精一杯になるでしょう。

考えただけでワクワク、ドキドキします。

空想するだけで楽しいものです。

モナコで休暇を取っているかもしれないし、パリのシャンゼリゼ通りをフェラーリの車を運転して君にバラの花束を持って会いにきてくれるかもしれません。

タヒチのゴーギャン美術館に二人で行ってゴーギャンの絵を真剣に見ているかもしれないのです。

ラスベガスのショーを見たり、バカラやルーレットで今年の運勢を確かめているかもしれません。

オーストラリアでイルカと一緒に泳いで、遊んでいるかもしれません。

ドバイの砂漠でラクダに乗って、星や月を見ながら愛を語っているのを想像しただけで楽しい。

乗馬はもちろんしますが、もっと大きな動物にまたがりたいと思って、タイのゾウにまたがっているナイスガイ。

オーストリアの舞踏会で君とワルツを踊っているワン・シーン。

どれもこれも情熱的でロマンチック。

普通の人の前には、決して姿を現わさない謎の美女。

マスコミが取りあげたり、女優やファッションモデルではない億万長者の女性。

女優さんやファッションモデルと比べても引けを取らないスタイルと華麗なる雰囲気。

決して一般の人の前には現われない美女。

パーフェクトな女性は、この世に存在する。

私たちが一生お目にかかれない魅力的でゴージャスな女性。

選ばれた階級の人たちだけが会える。

男性でも女性でも貴族や大富豪はいます。
その中の一握りの選ばれた数少ない男女。
私たち一般人は貴族や大富豪の生活を知らない。
自分がその階級まで上がっていかなければ、決して見ることができない世界。

㊿危険な男

あなたに見つめられると

女は動けなくなる

あなたの目が女の心を射抜く

女にとって最も危険な男

あなたの周りには、いつも
いい女たちがいる
女たちは、あなたに守られ
あなたを信頼している
あなたは、オスのライオン
女たちは、私をあなたの自由にしていいという気持ちになって
吸い寄せられていく
私はあなたの側には行きたくない

あなたに見つめられると私も女たちのように
どうにかなってしまうのが恐い
あなたの側に行けば行くほど
ほとばしるエネルギーと優しさを感じる
あなたに抱きしめられたい誘惑と
私はいつも闘っている
あなたは魅力的だけど

女にとっては危険な男

㊷夜のハンター

あなたは二つの顔を持つ、危険な男

昼間は心理カウンセラー

夜はハンター

昼夜を問わずすご腕な男

夜の高速でフェラーリを運転しながら

女を酔わす

音楽の選曲も会話の間の取り方も最高
昼間と違う顔を持つ
すご腕な夜のハンター
フェラーリとポルシェを乗りこなす
夜のハンター
最高な車と最高な女がいればこの世はハッピー
あなたがいつも言っている言葉

私はあなたに憧れている
男に生まれたら
あなたみたいに自由に生きたい
あなたのように

㊿ナイスミドル

ナイスミドルのあなたは
言葉を発せず、私を見つめて
私の心を奪っていった

雰囲気がなんともいえなく
男の哀愁を漂わせている
ナイスミドル
スキのないオシャレ
ナイスミドルのあなたに見つめられて拒める女なんかいない
フェラーリに乗って風のように
去っていった

私の心を奪って

㊿ゴージャスな女との出会い

瞬間的に君が、僕の前にゴージャスな雰囲気を漂わせて、ニッコリともせず現われた。

決してゴージャスなものを身にまとっているわけではない。

私が今まで出会ったことのない女性だ。

この彼女にゴージャスなファッションをさせたりしたら、人々を圧倒するだろう。

さらに、教養と知性を備えさせたら、どうなるのだろう。

私が想像できないぐらい変わるだろう。

世の中には住んでいる場所、車、宝石、ブランド物のファッションに負けている人が、数多くいる。

彼女は制服を着ているだけで、ゴージャスな雰囲気を漂わせている。

彼女が知性、教養をさらに身につけ、ゴージャスなファッションをしたら、日本でエスコートできる男が何人いるだろう。

㊺ゴージャスな君

どんなに美しい花でも、どんなに高価な宝石でも、ゴージャスな君にはかなわない。
生き生きしている君は美しい。
話す言葉も吐く息も美しく感じる。
美しい花の香りを漂わせている君はスバラシイ女性だ。
君の香りにまさる香水、フレグランスはおそらくないだろう。
君にふさわしい名前は、天空のプリンセス。
ゴージャスなオーラをまとった君。
君が普通にいるだけで、ゴージャスな感じがする。
君はブランド物、宝石を身につけなくてもゴージャスだ。
君の若さとゴージャスな雰囲気だけで世界を魅了する。
君のゴージャスさがわかるのは、選ばれた男だけ。
一流以外の男たちには、わからない。
ゴージャスな君にダイヤモンド入りのシャンパングラスでカンパイ。
夜が明けるまで、飲みあかそう。

㊹君はスーパーモデル

君はブルーな瞳で僕を見つめた
微笑みながらすらっとした足で
近づいてくる
いつものようにハグをした
スーパーモデルだけあって
香りまで一流を超えている
センスもスタイルも雰囲気も

一流の君が好きだ

花が好きな君は、いつも僕に花束を持って会いにきてくれる

長く美しいブロンドの髪をなびかせながら

足取りも軽く

映画のワンシーンのように

㊼牧師と殺し屋

彼女は私に顔を近づけ何を考えているのといった。
私は彼女の瞳を見つめてゆっくりいった。
君のこと。私の心の中には君のことでいっぱい。

いろいろプレゼントしてきたけど、君にあげてないものがある。
言葉の花束。殺し屋の私には似合わないけれど。
君は僕の表の顔は知っているが、裏の顔は知らない。
昼間は牧師、夜になれば殺し屋。
世界中見ても、君ほどゴージャスでキレイな女はいなかった。
どんな女優でも、大富豪の娘ですら、君のゴージャスな雰囲気には負ける。
君は世界一のゴージャスな女。
牧師の私と殺し屋の私にピッタリ合う女は、君しか考えられない。
私に合う女は君だけ。
君の仕事について私は何も知らない。
私には君を愛しているだけで十分。
彼女は心の中でつぶやく。
昼間はシスター、夜は殺し屋。
ゴメンネ同業者で。

㊺謎の女は誰

女は夜の公園で、月の灯に照らされながら踊っていた
桜の散る公園で
月の光が怪しく光る
花の妖精が踊っているような錯覚
それとも古のかぐや姫
花の妖精でもかぐや姫でもいいけど
君いったい何者

㊾一〇〇万ボルトの女

誰も男を寄せつけない気品と美しさ
凛とした雰囲気を漂わせ
君は男を見る
男は声を出せずに金縛りになる
君はその場から立ち去る
君は高級車が似合う女だ
自らフェラーリを運転して

夜の東名高速をさっそうと走る
誰も近づけない一〇〇万ボルトの女
君は美しすぎるスーパーレディ

第3章

天使

⑥⓪カーラという花が好きな天使

彼女は僕の天使。
彼女は花が大好きで、カーラという花が、特に好き。
彼女の澄みきった肌や心みたいで、とてもキレイな花。
彼女の美しい顔をクシャクシャにして喜ぶ微笑みは天使の笑顔。
天使が喜んでいるみたいに、人を魅了する。
僕はときたま、彼女の夢を見る。
彼女が天使になって、花園を喜び飛び跳ねる姿を。
小鳥たちがさえずり、太陽の光がサンサンと注ぐ楽園で。

⑥①美しい微笑みの天使

ほっそりとした身体と透き通るような肌。
彼女はまぎれもない天使だ。
彼女には花園と小鳥たちのさえずりがよく似合う。

天空から僕という人間を元気づけ癒すために、地上に降りてきた僕の天使。
僕の天使はいつか、天空に戻るときがくるだろう。
今の僕はこの夢を見続けたい。
いつか夢が覚めるときがくるまで。
今はこのままでいたい。
僕の天使と。

㊷夢の中の天使

初めて会った君は、まばゆいばかりの光の輪の中にいた。
美しい笑顔、スレンダーな姿。
ハーフの女の子、それとも天使。
翼のない天使が僕の前にいる。
天使の森に迷い込んでしまったのか。
天使の森の魔法がとけて、僕が現実の世界に引き戻された。

まばゆい光の輪はなく、彫りの深い美しい顔があった。

ハーフと聞いたら、違います。

皆さん間違えますと言って、ウフフと微笑んでくれた。

⑥③楽園

私たちの見えない世界がある。

それは天空の楽園。

私たちにも見えるときがある。

私たちの心が赤チャンのように純心になったとき見える人がいます。

世の中の人々のために、人の喜びを自分の喜びに感じる人。

自分の心の庭に、花の種、喜びの種、感動の種、共感、感謝、お礼の種を蒔いた人たちにも天空の楽園の世界が見える。

人を苦しめるため、自分の利己主義のために人は生まれてきたのではないはずだ。

心の種を蒔いて、世の中のために、幸せの種を蒔くことから始めよう。

⑹自分の心の種

人は人それぞれの種を蒔く。
人は心の庭にいろいろな種を蒔く。
悲しみの種、幸せの種、楽しみの種、喜びの種。
人は自分で選んで種を蒔いている。
無意識で種を蒔いているわけではない。
不幸だと思う人は不幸の種。
幸せだと思う人は幸せの種を自分の意志で自分の心の庭に蒔く。
人は心の庭に蒔いた種で変わる。
美しい表情の人は、幸せの種、喜びの種を蒔いた人たちです。
暗い表情の人は、悲しみの種、苦しみの種を蒔いた人です。
どうせ蒔くなら、心の種や喜びの種、幸せの種を蒔きたいものです。

㊅下界に降りてきた天使

君は翼のない天使。
君は静かに微笑みながらメニューを持って、注文を取りにきた。
スレンダーな体、外人ぽい目鼻立ちの整った顔。
恋人と会っているようなうれしそうな人なつこい顔。
働くのが楽しくてしょうがないといった君。
天使が働く店に、迷い込んだ私たち。
天空から下界に降りてきたときに、翼を置いてきたのだろう。
僕の天使にならないかもしれないが、君はまぎれもない天使。
君の微笑みは、エンジェルスマイル。
君の雰囲気は、エンジェルそのもの。
天使は子どもやお年寄りに優しく接すると聞いているが、まさしく君は翼のない天使。
君はハーフと僕の質問にニッコリ微笑みながら、優しく諭すように言った。
違います。皆さん間違えるのです。
ニッコリ笑ってくれた天使。

私は名刺を出して自分の名前を名乗った。
彼女はうれしそうに微笑みながら、受け取ってくれた。
いつもは若い男性から受け取るのだろうが。
私の名刺を差し上げますので、今、持ってきますとささやいた。
彼女は天使だ。
私の名刺を黙って受けとれば、そこで終わっているのを、
彼女は物語にしてくれた。
私たちに、１枚ずつ名刺を渡した。
私たち２人にエンジェルスマイルと一緒に。
気配りも天使だ。
次にくるときは、いつになるかわからない。
身体の悪い私にとって、天使に会うことは、容易ではない。
美しい天使に会いたい、約束はできないが。
君に会いにくる。
天使の微笑みを拝みに。

君の話を聞きに。

第4章

地球と自然に癒されて

㊱風について

私は山よりも海が好きです。

波の音、そよ風、太陽の光が海に反射している風景。

風が潮騒の香りを運んでくる感じが好きです。

1分間に18回という人間の呼吸と波の回数が同じだから、何か落ち着いた感じがするのかもしれません。

私は四季おりおりの風が好きです。

風は海だろうと山だろうと公園だろうと色の香りを私たちにプレゼントしてくれます。

私は子どもの頃から風には色があると考えていました。

桜の季節には、目をつぶると淡いピンクの色を感じます。

風が桜の香りを私たちにプレゼントしてくれるからです。

桜の季節が終わり、新緑の季節になると、淡いグリーン色の風が私たちの頬をなでます。

その時には淡いグリーンの色を感じます。

自然は私たちに心の安らぎを与えてくれます。

体も心も少し疲れていると感じたら、近くの公園に行って、おもいきり空気を吸いましょう。

エネルギーが満ちてきます。

旅行に行くお金と時間がないのなら、せめて公園に足を運びましょう。

自然は私たちにエネルギーを与えてくれています。

この世に自分一人と感じたら、自然がお友だちだと感じてください。

自然は私たちのお友だちです。

㊲風と話をしよう

海や山や森を見ていると

風が遊んでいる

波のうねり、木々の揺らぎが

風たちとめいめい遊んでいる姿が浮かぶ
春の桜の季節には
風が桜の香りを運んでくれる
風と一緒になって、自然を感じ、喜び合おう
人間として生まれてきたことに、感謝しよう
太陽の光を浴びて
元気になろう

生きていれば、必ず楽しいことがある

㊳感謝して生きる

生きてきたことに感謝しよう

寂しいとき、悲しいときには

太陽の光を浴びよう

一人ぽっちで悩んでいないで

風に話しかけて、風と遊ぼう

風が運んできた香りを

胸いっぱい吸い込み、生きている喜びを感じよう
君は一人ぽっちではない
なぜなら、風も太陽も自然も
君の友だち
友だちだらけの君は
幸せものだ

⑲自然ってすばらしい

白い波、青い空
遠い沖にヨットが浮かぶ
太陽の光がまぶしい
鳥たちが大空を飛び
風が波に乗って沖から
浜辺に押し寄せる
太陽と風と波が会話を交わしている
自然は安らぎ、元気、勇気、希望、夢を与えてくれる

⑳すばらしい星、地球

自然ってすばらしい
自然が人々を丸ごと優しく包んでくれる
地球ってすばらしい
人々ってすばらしい
すばらしさがわかるって
すばらしい

地球は青い星
そして、美しい星だ
銀河系で一番美しい星だろう
人類が滅びても美しい星として、宇宙に残るだろう
地球が宇宙から消滅するときは
すでに人類は存在していない
永遠なんてものは
この宇宙に存在してない

だから、美しいし、尊いのだ
こんな美しい地球に、生まれて幸せだ
この美しさを、普段は感じていなくても
心の奥底で感じている
私たちの星、地球

第5章

人生

⑰なぜ生きるのか

私たちは自分の人生の夢を、実現させるために生きています。

子どもの頃、宝物探しや冒険に憧れた日を思い出します。

それがだんだん子どもから青年、青年から大人になるにしたがって、子どもの心を忘れていくのです。

夢や希望を持たない無味乾燥な生活に溶け込んでしまっています。

ほとんどの人が自分の人生を振り返ったとき、「おもしろかった」「楽しかった」といえるのでしょうか。疑問です。

私は12年前に心筋梗塞になって、身体障害者になり、仕事をすることができなくなり、日常生活もままならない生活になりました。

自分の手で今までの生活のクリアボタンを押したのでなく、大病というボタンで押されてしまったのです。

毎日、辛い日々が続き、生きることをやめることも考えました。

自分の人生を振り返り、毎日、考え続けました。

人間には、生まれてきた人それぞれ使命があるということが言われています。

それを気がつかないで、人生を終える人が大半です。

私も大病しなければ、人生に流されて終わっていたかもしれません。

自分の心の奥深いところに存在する自分の神さま。

すなわち、自分自身に問いかけました。

いったい何のために生まれて、何をやりたいのか。

残された自分の人生をどうデザインしたいのか。

そのためにはどうするのか。

自分が亡くなるまでにやりたいことはいくつできるのか。

大病をマイナスに考えないでプラスも考えて、これは天空からの私に対する贈りものだと考えよう。

今、できることをやろうと思いました。

何が何でもやりたいこと、それが今まで経験したこと、感じたことを文章にして何年かかっても本として出版することでした。

もちろん簡単にはいかないことは、私にもわかっていました。

何度もくじけそうになったこともあります。

自分の心に負けない強い心を持つことです。

逆境をチャンスに変えることです。

他人は変えてくれませんから、自分で自分を変えるのです。

そうすれば、必ず応援してくれる人が現われます。

あるがままの現実を受け入れようと強く思いました。

㊷人生には出会いと別れがある

出会いがあれば、別れがあります。

どんなに仲のよい友だちでも、恋人、夫婦、親子でも別れがあります。

出会いが光で、別れが影にあたります。

つまり、表と裏の関係です。

私たちは、今まで辛い別れや楽しい出会いを経験させてもらって生きています。

別れた人の分まで人生を味わい尽くして、次の世代の人たちにバトンタッチをしたいものです。

現代の社会は、ますます混沌としていくでしょう。

自分だけよければいいという自己中心的な人が増えています。

日本、世界のリーダーたちが、未来に責任を負わない時代になっています。

私は一人一人しっかり人生を見つめなおし、自分の「賢者の石」、つまり自分の心と魂を磨いて生きていきたいものです。

人の命を粗末にしないことは、自分の命を粗末にしない生き方です。

強い意志と行動と希望を捨てない限り、ステキな人生が必ず待っています。

⑦③すばらしい人生

人生ってすばらしい

生きていることってすばらしい

恋愛ってすばらしい

人を愛し、愛されるってすばらしい

赤チャンの笑顔って、心がウキウキして、癒されて幸せを感じる

子育てもすばらしい

子どもの成長もすばらしい

仲のよい中年の夫婦の人生ってすばらしい

老年の夫婦で手をつなぎ、お互いのことを思いやりながら

生きているってすばらしい

⑭生きってすばらしい

悔しいとき、泣いてもいいじゃないか
悲しいとき思いきり泣いてもいいじゃないか
辛いとき笑ってもいいじゃないか
人間らしく、生きるってすばらしい
僕たちは神でもないし、悪魔でもない
人間だから、人間らしく生きてもいいじゃないか
他人の目なんか気にしないで、生きていこう

自分に正直に生きるってすばらしい

子どもの頃、自由に正直にやりたいことをやっていた

大人になっても、子どもみたいに自由に正直に生きよう

やりたいことがあったら、やってみよう

子どもの頃のように生きるって、すばらしい

⑮自分らしく生きる

自分の味方は自分

自分の敵も自分

心の折れるときもあるさ
人間なんだから
悲しいときは、おもいきり泣けばいいさ
人間なんだから
失敗するときもあるさ
人間なんだから
失恋するときもあるさ

人間なんだから
いいことも悪いときもあるさ
人生だから

⑯自分の人生

他人の目を気にしないで
生きていこう
自分が満足すればいいのさ
自分の人生だから

お金や出世だけが
自分の人生じゃない
楽しんで、味わっていこう
自分の人生だから
自分の時間も無限ではないから
自分の人生の時間を大切に生きよう
自分の人生だからこそ

自分の自由に生きよう

時間やお金に束縛されずに

自分の人生だから

⑺最後の別れ

人生とは出会いがあり、別れの連続です。
出会いには喜びがあり、別れには悲しみがあります。
すべてが無に帰するわけではありません。
私たちの心の中に生き続けるものもあります。

人生に喜びも悲しみもありますが、すべて受けとめて生きる。
人生に無駄なものはありません。

成長するために試練があり、悲しみは感情を磨くためにあります。

ありとあらゆるものを経験して、人生を味わい尽くせば成長できます。

新しい旅立ちも受け入れられます。

未練を残しての旅立ちは、周囲を悲しませるだけです。

最後の微笑みは新たな出発です。

周囲も微笑みをもって見送ることができるでしょう。

⑺⑻自分の人生に挑戦しよう

自分で自分の限界を決めてはいけません。

自分で無理だと決めてもいけません。

マイナス思考を自分の脳に刻み込んだり、インプットしてはいけません。

あなたの存在自体が小宇宙なのです。

あなたの小宇宙自体が宇宙と同じように膨張しているのです。

やれることとやりたいことは、この世に生を受けた以上、自分の人生に挑み、挑戦する。

失敗を恐れてはいけません。
失敗は次のチャンスにつながるものです。
あきらめない限り、失敗は失敗でなく、成功のための過程にすぎません。

⑲人生は一人ではない

人生に世の中に時間に流されないで自分の考えを持って生きよう

自分の弱さを出してもいい

人間は強くもあり弱くもある

皆で自分自身で

どうやって生きていくのか考えてみよう

周りを暗くしたり、自分も暗くなってはいけない
どうせ生きるのなら、明るく生きよう
自分自身を励まし、周りを励まし
ともに生きていこう
明るい平和な未来をつくるために
できるさ、僕たち皆で
手をつなげれば

⑧⓪すべてすばらしい

夢ってすばらしい
実現できればもっとすばらしい
希望ってすばらしい
希望が叶えられれば、もっとすばらしい
恋愛ってすばらしい
恋愛が実れば、もっとすばらしい
人を愛するって、すばらしい

愛し愛されれば、もっとすばらしい

友達ってすばらしい

お互いに理解できれば、もっとすばらしい

⑧①自分の人生はすべて自分のもの

人生は人に決めてもらうものではない

自分で決めるもの

迷いは誰にでもある

たとえ、キリスト様、お釈迦様であっても

偉大な人といわれた人たちも、悩み苦しんだ
だからこそ、歴史に名を残し
偉業を成し遂げた
僕たちは到底追いつけないが
一歩でも気持ちだけは近づきたいものだ
命のある限り
自分らしく生きよう

他人の目を気にせず、生きていこう
自分の人生を

㉜バトンタッチ

僕たちは次の世代にバトンタッチするために
生まれてきた
勝手に自分の命を、粗末にしてはいけない
勝手に自分の人生を、終わらせてはいけない
次の世代のために

僕たちは何ができるんだろう
僕たちは未来に問題を
先送りしてはいけない
次世代の人や未来の人たちに
迷惑をかけてはいけない
今、問題を解決しない限り
人類の未来はない

⑧③生きるとは

命のある限りを生きよう
すべての人に必ず明日がある
明るく希望を持って生きよう
人間だから、悲しいときも苦しいときもある
それでも僕らは生きよう
明るく夢を持って生きよう
辛いときも自分に負けないで

必ず明日があると信じて生きよう

きっと、きっと明るい未来がある

自分を信じて生きよう

命のある限り

㊹現在、未来に生きる

言葉の花束を贈れば

きっと彼女は喜ぶだろう

友情も愛も感じるだろう

あなたに

過去は振り返らず、前を見て進もう
きっと未来の道がそこにある
過去を悩んでいても、何もいいことはない
僕らは現在、未来に生きているのだから
未来にはきっと希望の光がある
あなたが真剣に望むなら

希望の光に向かって進んでいこう

きっと希望の光にたどり着く

君が信じるなら

すぐに行動を起こし

力強い一歩を踏み出そう

㊺心の種

あなたは自分の心の庭に、どんな言葉の花束の種を蒔きますか。
そして周囲の人たちに、どんな言葉の花束の種を贈りますか。
言葉の花束の種を人々に贈ることによって、あなたの人生は劇的に変わることでしょう。

そして、あなたの心の中から、目に見えない光の輪があなたを優しく包み込んでくれます。

生まれてきて良かったと両親に感謝することができます。

人生はたった80年、90年です。

私のモットーは、後悔という言葉を、自分の人生に使ってはいけないと戒めています。

行動すれば失敗することもあるでしょう。

あるいは、人とのアツレキも起こるかもしれません。

だから、日常の言葉づかいや人に対する思いやりや気づかいが必要になってくるのです。

あなたの日常生活の言動を知っている人たちは決して、あなたを間違った見方をしないものです。

人生の終焉を迎えるときに、「私の人生は楽しかった」「まんざらでもなかった」と言える人生を歩みたいものです。

反省は大いにしてもらってかまいません。

失敗したり、間違った行動をしたときは反省して、はじめて人として成長できるものです。

人を見下したり、バカにしたりすることによって自分の内なる神があなたを許しません。

あなたに試練を与えることでしょう。

自分の内なる悪魔にあなたの心を乗っ取られてしまう恐れがあります。

人や世の中は、あなたのことを見て見ぬ振りをしていても、必ずあなたをチェックしています。

「徳」を積むことによって、あなたの心の庭に「徳」という肥料を蒔くことになります。

「徳」を積むことは決して人のためではなく自分のためです。

あなたの心の庭が花園になって、幸せでいっぱいになることを祈ります。

㊻自分を信じて生きていこう

過去ではなく、現在、未来に向かって前向きに生きる。

すべてを避けないで丸ごと受け止めて、強くなることを実感しよう。

希望の光が僕たちの手の届くところにある。

手を伸ばそう。手を伸ばさなければ、希望の光を手に入れることはできない。

そこにあなたが、望むものがある。

全力で生きよう。

ときには立ち止まって、翼を休めてもいい。

きっとすばらしい未来がある。

自分を信じ、未来を信じ生きていこう。

㊲人の心について

人は生まれてくるときに、人の心と神と天使と悪魔の心の種を持って生まれてきます。

人が成長するにしたがって、人の心も成長しますが、人の心が歪んだり素直な心が持てない大人になったら、悪魔という心が大きく成長して悪の行為をします。

神の心の種や天使の心の種を一掃してしまいます。

子どものいじめもそのひとつです。

いじめることに、喜びを感じる子どもも中にはいます。

罪を犯さなくても、権力、名誉、お金に取りつかれ、人を差別したり蔑んだりする人に成長していきます。

権力を手にした一部の政治家、官僚の人たちを見ればわかると思います。

お金をいっぱい手に入れたいブラック企業の経営者。

社員を自殺にまで追い込んで、金儲けに夢中です。

権力もお金も掴まなかった人たちのなかにも、悪魔の種を大きく成長させている人たちが大勢います。

人の心を持ち合わせていないので、強盗、殺人、サギなどを平気でします。

私の心の中にも神や悪魔や天使が住んでいます。

神の種を大きく育てることは、なかなかできません。

せめて、天使の心の種を大きく育てて、優しさや思いやりは持ち続けたいものです。

神の心ですべての人を許すまで、心を広く持つことは私の性格上、生きている間は無理だと思います。

悪魔の種は、マイナスの言葉、愚痴、悪口が大好きです。

そのためには気づきや観察力や喜びの心が必要です。

どんなことにも動じない、しっかりとした心を持ちたいものです。

すべての人は、死ぬまで修行だと思ってください。

自分の心の中にある人の心以外の神さまや天使の心の種をどう育てていくか、自分の人生をどう生きていくか考える必要があります。

人は会社や家族、世の中が必要としなくなっても、自分が自分を必要とする限り生きる力があります。

死ぬ前にやっておきたいことがあったら、すべてやることはできませんが、やるべきです。

私が『言葉の花束』の本を出版させてもらったのもそのひとつです。

私は心筋梗塞を患って、身体障害者になり、辛い苦しい生活を12年以上経験しています。

外国に行ってみたいという気持ちなんか少しも持っていませんでしたが、今は違います。

外国の風景、それも小説やエッセイの本に出てくるシーン、映画に出てくる風景を自分の目で見てそれを感じたいと思っています。

タヒチのゴーギャン美術館、ニューヨークのメトロポリタン美術館など世界中の美術館巡りをしたい気持ちが強くなり、実現してみたい気持ちがさらに強くなりました。

若くても何の気力もなく老人みたいな人もいますが、老人でもやりたいことを持ってひとつひとつ夢を実現している人は若いです。

もちろん、私も皆さんも後者を選びたいものです。

若いときには、「オオカミの皮」をかぶった「羊」だと冗談を私は言っていました。その当時、「羊」が「羊」だと言ってもモテなかった時代だったのです。

現在の私は心筋梗塞で90歳の心臓になってしまったので、「老人の皮」をかぶった「子ども」だと言っています（笑）。

見ためは老人ですし、体もいうことはききませんが、気持ちは冒険心のある子どもです。

生きている限り、何でもチャレンジしてやろうと思っています。

自分の人生、自分でもういいと思ったときから老いが始まって、細胞が死んでいくそうです。

住所がこの世からあの世に移ってしまっては手遅れになります（笑）。

現在、20代の人たちは１００歳まで寿命が延びるそうです。

逆に大変です。

65歳か70歳まで働いたとしても残りの人生は25年から30年もあります。

自分の人生に目的や目標をはっきり持ちたいものです。

そのためには自分の心と素直に向き合うことです。

第6章

手紙

⑧⑧天空の母からの手紙① 地上の息子へ

あなたは私の末っ子の息子。

あなたは最後まで私の面倒を見てくれて、お母さんは幸せでした。

あなたは私が亡くなってから、不幸続きでしたが、誰にも相談しないで立ち上がった強い息子。

天空から私はハラハラして見ていました。

私はあなたの三千日修行のおかげで、あなたの12神の守護神の9番目の神になれました。

お礼をいいます。

本当にありがとう。

生きているときも、天空の世界に行っても、あなたのおかげで母さんはとっても幸せ。

ありがとう。

あなたがどんなに困っても、神々の戒めで直接手を貸してはいけないことになっています。

でも、私があなたを見守っていることを忘れないでください。

私が地上にいるときに、私が亡くなって天空の世界に行ったら、寂しいから早くきてくれと言ったのを覚えていますか。

でも、地上の世界で十二分に活躍して満足してから、ゆっくり天空に登ってきてください。

あなたと会えることはまだまだ先になりますが、私が天空から見守っていることを忘れないでください。

㊽天空の母からの手紙②　がんばっている息子へ

天空からあなたを見ていると健常者でなくなったあなたは、本当によくがんばっていますね。

お母さんは本当にうれしい。

３度の心臓の手術、７回の眼の手術。

不安だらけだったと思います。

一度だけではなく何度も私のところに早く行きたいと思ったでしょう。

でもあなたは逃げないで、地上でがんばっている。
それでこそ私の息子であり、あなたらしい。
がんばっているおかげで、自分の目標を決め、よけいがんばっているみたいですね。
天空にくる前に、自分のやりたいことを思いきりやってください。
必ず、あなたならいろいろな夢を実現できると思います。
お母さんは信じています。
子どもたちの中であなたが一番優しい子だとお母さんは思っていました。
子どもの頃からマンガを読めば泣き、テレビを見ては泣いている子どもでした。
そんな末っ子のあなたに面倒をみてもらい、一緒に住めてお母さんは幸せでした。
社会貢献があなたの最終目標だと知っていますが、お母さんも賛成です。
それにはまず、あなたの周囲の人たちを幸せにすることです。
今回の『言葉の花束』の本の出版おめでとう。
がんばってね。
お母さんは天空から、これからも見守っています。

⑨⓪未来の自分からの手紙

未来の私から見ても現在の私は、本当によくがんばっていると思う。自分ながら感じるし、感動すら覚える。

未来の私が現在の私を自画自賛しても、おかしくないだろう（笑）。

現在の私が自画自賛したらおかしいけど、未来の私が過去を振り返って、自画自賛しているわけだから許してほしい（笑）。

母を亡くして絶望の淵にいた君。

親思いのいい息子さんですね、とお年寄りの人たちにいわれて、君もお母さんもうれしそうに照れていたね。

君のお母さんは、優しくって、人なつこいせいか、スーパーのレジ係の人から周囲の人、皆から好かれていた。

顔見知りの人からお土産までプレゼントされていた。

私だけのお母さんでなく、皆のお母さん的存在だった。

君は母が亡くなったとき、顔も知らないスーパーのレジ係の人や近所の人たちのところへお菓子を持ってお礼に廻った。

お世話になった人にはお礼を欠かしてはけいないという母の教えを君は守った。

お母さんは末っ子の君と一緒に住めて、生活できたことを感謝し喜んでいた。

君は自分の母に、僕とお母さんは運命共同体だよ、とよく言ってたね。

君のお母さんは、君と二人きりで生活したら、とても穏やかなお母さんになった。

君は小学校一年生のとき、末っ子にもかかわらず母親の面倒を見るのは、自分だと言っていた。

その通りになってよかったね。

君が母のために三千日修行をしたおかげで、君のお母さんは君の9番目の守護神になられたと君の知り合いの霊能者の人がいっていた。

君は12年前に心筋梗塞になり、心臓の心筋が半分死んで、身体障害になり、眼まで網膜症、緑内障で失明一歩手前までいった君。

大学病院で1回目の心臓手術のミスで血栓が脳の5カ所に飛び散り、舌が動かなくなって言葉がしゃべられなくなった君は、それでもよく耐えて、努力をして今日まで生きてきた。

自分が自分をよく評価するのは自画自賛というらしいが、そんなことは気にしないという君は立派だ。

君の好きな言葉の中に、「人の評価でなく自分の評価を大切にする」というものがある。私も賛成だ。

人の評価で自分の人生を肯定できなくなって失望したり、自殺したりする人が後をたたないことを君はよく知っている。

君は自分の人生を逆転しようとあきらめないでよくがんばっている。

この本の前に２冊『恋愛力アップ!!』『心身を磨く！美人力レッスン』の本を出版し、この本『言葉の花束』で３冊めだ。

10年前、20年前には、想像できなかった。

与えられた劣悪な環境で精一杯努力する君は私の誇りだ。

君がこれからどこに向かっていくのかは、私なりに知っているが、強い意志と行動力でがんばってほしい。

未来の私から現在の自分に贈る言葉の花束を受け取ってください。

未来の自分に恥じない生き方をしてください。

自分自身のために。

未来の私が存在するためには、現在の僕が、がんばって生きていくしかない。

現在の自分ががんばって生きれば、未来の私が存在できることを君は忘れないでほしい。

おわりに

最後までお読みいただきまして、ありがとうございます。

この本は、ロマンチックに言えば、「言葉の花束」というフレーズが天空からのメッセージとして私のところに届いたものです。

普段ならいい言葉だと思うくらいで気にかけないのですが、深く脳と心にこのフレーズ「言葉の花束」が刻み込まれたのです。

第2、第3のメッセージをもらい、この本が完成しました。

脳科学的に言えば、脳が勝手にコンピューターのように動いてつくり出したものだそうです。

この本は私の4冊目の本の予定になっていたのですが、他の本の原稿ができ上がっているにもかかわらず、自分の強い希望で3冊目になりました。

自分の思い、親の思い、彼氏彼女の思いを文章にしたり、詩や手紙にして書きました。

自分と付き合ってくれた彼女との会話やメール、手紙などを参考にして、書いた部分もあります。

若いステキな女性たちをゴージャスな女性や天使に見たてて、詩や文章も書きました。

自分の人生は人が何を言おうが、悪いことをしない限り自分が納得できればステキな人生です。

人生に「もし」という言葉はありません。

もし、あのとき彼女、彼氏と別れていないで、結婚していたらということはありません。

そのときどきで、最高の判断を自分で下して、今日があるのです。

過去を悔やむのをやめて、現在、未来を見つめて生きてください。

きっと、幸せな人生が待っています。

この本が一人でも多くの人の目にとまり、読んでいただいて、少しでも生きる糧になっていただければ、著者として最高の喜びです。

いつもながら、私の心の支えになって応援してくれている姉二人、友人、読者の皆さま方にお礼申し上げます。

「言葉の花束」をすべての人に贈り続けることによって、自分自身も元気と勇気と希望をもらうことができます。

言葉の花束は、エネルギー、感動、共感、愛のビタミンを与えてくれます。

心の庭にステキな言葉の花束の種を蒔いて、心の庭を花園にして下さい。

皆さまの幸せを願ってこの本を書かせてもらいました。

これからのあなたの人生を味わい尽くしてください。

最後に、いつもながら出版のチャンスを与えてくれた株式会社日本地域社会研究所の落合英秋社長に感謝して、お礼申し上げます。

２０１７年に亡くなった私の親友であり、先輩であり恩人である、友人の宮内信義氏、友人で先輩の加藤武義氏、東京青年会議所のシニアメンバーである古庄孝夫氏、三人の恩人にこの本を捧げたいと思います。

２０１８年６月　　高田建司

著者紹介
高田建司（たかだ・けんじ）
1971年東洋大学法学部卒業後、東京都議会議員秘書、衆議院議員秘書、飲食店「コスモス」「ドルフィン」経営、ＩＴ企業採用開発課勤務、企業戦略コンサルタントを経て、現在、出版プロデューサー、エッセイスト、情熱詩人、恋愛力・美人力アドバイザーとして活躍。公益社団法人東京青年会議所シニア会員、整体療術師。政界、経済界、スポーツ界など多方面に幅広い人脈を持つ。
2011年12月、全国ネーミング・キャラクター大会ネーミング部門で「野菜女子」が特別賞受賞。
著書に『恋愛力アップ!!』『心身を磨く！美人力レッスン』（いずれも日本地域社会研究所）他がある。

言葉《ことば》の花束《はなたば》

2018年7月30日　第1刷発行

著　者　高田建司《たかだけんじ》
発行者　落合英秋
発行所　株式会社 日本地域社会研究所
〒167-0043　東京都杉並区上荻1-25-1
TEL（03）5397-1231（代表）
FAX（03）5397-1237
メールアドレス tps@n-chiken.com
ホームページ http://www.n-chiken.com
郵便振替口座 00150-1-41143
印刷所　中央精版印刷株式会社

ISBN978-4-89022-222-3

日本地域社会研究所の好評図書

日本地域社会研究所の好評図書

「心の危機」の処方箋 「新型うつ病」を克服するチカラ

三浦清一郎著…教育学の立場から精神医学の「新型うつ病」に異を唱え、クスリもカウンセリングも効かない「心の危機」を回避する方法をわかりやすく説き明かす。患者とその家族、学校教育の関係者など必読の書！

46判138頁／1400円

里山エコトピア 理想郷づくりの絵物語！

炭焼三太郎編著…昔懐かしい日本のふるさとの原形、人間と自然が織りなす暮らしの原景（モデル）が残る里山。里山資本主義の時代の新しい生き方を探る地域おこし・人生強化書！男のロマン〝山村ユートピア〟づくりを提唱する話題の書。

A5判166頁／1700円

いのちの森と水のプロジェクト

東出融＝文・本田麗子＝絵…山や森・太陽・落ち葉…自然にしかつくれない伏流水はすべての生き物に欠かすことのできないごちそうだ。安心して暮らせる地球のために森を守り育てよう。環境問題を新たな視点から描く啓蒙書。

A5判上製60頁／1800円

世のため人のため自分のための地域活動 ～社会とつながる幸せの実践～

みんなで本を出そう会編…一人では無理でも、何人か集まれば、誰でも本が出せる。出版しなければ、何も残らない。しかも本を出せば、あちこちからお呼びがかかるかもしれない。同人誌ならぬ同人本の第1弾！

46判247頁／1800円

人生が喜びに変わる1分間呼吸法

斎藤祐子著…天と地の無限のパワーを取り込んで、幸せにゆたかに生きよう。人生に平安と静けさ、喜びをもたらす「21の心得」とその具体的実践方法を学ぼう。心と体のトーニング・セラピストがいつでも、どこでも、誰にでもできる「Ｆｕｊｉ（不二）トーラス呼吸法」を初公開！

A5判249頁／2200円

心を軽くする79のヒント 不安・ストレス・うつを解消！

志田清之著…1日1回で完了するプログラム「サイコリリース療法」は、現役医師も治療を受けるほどの注目度だ。新進気鋭の心理カウンセラーによる心身症治療とその考え方、実践方法を公開！

46判188頁／2000円

日本地域社会研究所の好評図書